CONSTITUTION

RÉDIGÉE

D'APRÈS LES VÉRITABLES PRINCIPES

DU

GOUVERNEMENT MONARCHIQUE;

PAR M. FRITOT, AVOCAT,

AUTEUR D'UNE BROCHURE AYANT POUR TITRE:
CONSTITUTION RÉFORMÉE, etc.

PARIS,

DELAUNAY, Libraire, }
DENTU, Libraire, } au Palais-Royal ;
Et les Marchands de Nouveautés.

———

DE L'IMPRIMERIE DE A. BELIN.
1815.

AVERTISSEMENT.

Lorsque j'ai entrepris la rédaction de cette Constitution, je m'étais proposé de la faire précéder d'un discours qui aurait offert l'enchaînement, les rapports et la démonstration rigoureuse de toutes ses dispositions et des principes sur lesquels elles sont basées. Je m'étais aussi proposé de mettre en parallèle toutes les dispositions de nos précédentes Constitutions depuis le décret du 26 août 1789, de tous les Sénatus-Consultes organiques depuis le 22 frimaire de l'an 8, de la Constitution proposée par le Sénat le 6 avril 1814, de la Charte et de l'Acte additionnel, et d'en démontrer les vices et les imperfections; mais cette partie de mon ouvrage, quoique commencée et déjà avancée, ne pouvant être terminée que sous quelques jours, je préfère ne pas retarder l'impression de la partie essentielle de mon travail. Je me bornerai donc, quant actuellement, à émettre rapidement quelques réflexions qui peuvent être considérées comme le sommaire du discours que je supprime, et qui en contiennent les idées principales : elles suffiront, j'espère, pour les personnes qui elles-mêmes ont déjà réfléchi sur cette importante matière, et qui, quant aux principes, partagent mon opinion. Par suite, si j'en reconnais la nécessité, je terminerai pour les autres par où j'eusse commencé dans le cas où les événemens m'eussent laissé plus de loisir et de liberté.

CONSTITUTION

RÉDIGÉE

D'APRÈS LES VÉRITABLES PRINCIPES.

DU

GOUVERNEMENT MONARCHIQUE.

RÉFLEXIONS PRÉLIMINAIRES.

Pour qu'un peuple soit heureux, pour que le trône soit ferme et inébranlable, il faut que la nature du Gouvernement soit appropriée au caractère de ce peuple.

Le despotisme convient aux hommes ineptes, stupides, aveugles et sans jugement, barbares et féroces; il est indispensable avec eux. Les caractères nobles et généreux, les hommes éclairés et justes ne peuvent le souffrir, et le chef du Gouvernement n'en n'a pas besoin pour les gouverner.

Lorsque ceux-là sont en très-grande majorité, ceux-ci sont entraînés, leur énergie et leur courage deviennent infructueux, ils suivent le torrent.

La civilisation propage les lumières : plus elle avance et fait de progrès, plus le nombre de ceux-ci augmente. Le despotisme devient de plus en plus inutile, impropre et dangereux.

Il est nécessaire que le chef du Gouvernement en soit instruit ; son propre intérêt l'exige autant que celui du peuple.

S'il est despote, ce doit être par nécessité : cet état est pénible pour lui, et toujours incertain. Il gouverne par la crainte et il est entouré de dangers.

En renonçant à cette forme pénible de Gouvernement, il consolide son autorité, il affermit le bonheur du peuple et le sien.

Le despote est placé au sommet escarpé, aride et desséché d'une haute montagne. Au-dessous de lui est une campagne fertile et variée, d'une température douce et modérée, où des hommes doux et civilisés par l'influence du climat pourraient jouir d'une vie heureuse et paisible ; et plus bas, au pied même de la montagne, est une plaine enveloppée d'une atmosphère épaisse et grossière, où les hommes eux-mêmes stupides et grossiers souffrent, et vivent avec peine.

Du point isolé, pénible et dangereux où se trouve le despote, sans cesse attentif à surveiller ceux qui, éblouis par un éclat trompeur, pourraient vouloir tenter de gravir au sommet pour occuper sa place , il repousse loin de la région tempérée tous ceux que son aspect riant y attire , et lui-même n'ose y descendre pour en jouir.

Il soulève avec effort , pour sa défense, une masse pesante : le moindre choc peut l'ébranler ; et, fatigué de ce poids énorme , souvent il est entraîné par lui dans l'abîme.

Enfin son inquiétude cruelle et farouche serait seule un tourment affreux.

Le Monarque, au contraire , environné du peuple entier, comme un père de ses enfans , habite avec lui la riante campagne. Il réjouit, il anime tout par sa présence ; il excite, il récompense l'industrie : le sol heureux et fécond est encore fertilisé par l'activité et le travail qu'il encourage.

Il veille pour la patrie contre les invasions étrangères, et le bonheur, l'amour et l'attachement de tous est pour lui, et pour tous, un rempart indestructible et inébranlable.

L'opinion publique est la manifestation extérieure du caractère d'un peuple. C'est ainsi que le chef du Gouvernement peut le connaître. Il doit donc favoriser son expression.

Tous les hommes doivent profiter de cette facilité, en faire usage et émettre leurs vœux et leurs idées avec franchise.

Celui qui aime et veut servir son pays n'écoute ni la haine, ni l'affection, il cherche et dit la vérité.

Ne croyons pas sur parole les esprits ineptes ou passionnés qui veulent fermer les yeux aux lumières de la raison et méconnaître les leçons de l'expérience, et qui, sans réflexion et sans prévoyance, se précipitent sans cesse dans l'un ou l'autre excès.

Il vaudrait autant dire que l'on ne veut point de Gouvernement, ou que l'on désire le Gouvernement despotique, que de dire qu'il ne faut pas de constitutions, ou qu'elles sont inutiles : car l'organisation du Gouvernement monarchique est le but de la Constitution.

Lorsqu'au contraire l'opinion publique est arrivée à ce point que le Chef ne peut plus dire ouvertement : « *Le Gouvernement est despoti-* « *que, ma volonté est la loi suprême ;* » lorsqu'il est obligé de dissimuler et de tenir un langage tout opposé, évidemment le despotisme n'est plus en harmonie avec le caractère dominant du peuple. C'est alors que dans son propre intérêt, comme dans celui de tous, il doit s'adoucir, perdre sa rudesse et rechercher la forme de Gouvernement la plus concordante avec l'esprit national.

Il doit la rechercher de bonne foi ; car les hommes assez éclairés pour la désirer , le sont assez pour reconnaître s'il n'est que dissimulé et s'il existe toujours sous le masque.

Dans ce cas, il n'a trompé que lui-même. Au lieu d'avoir atteint le but qu'il s'était proposé, au lieu d'inspirer la confiance, il l'anéantit , il la détruit entièrement, et ne fait que déceler sa faiblesse.

La civilisation tendant naturellement à s'étendre, et les lumières pénétrant successivement dans toutes les classes de la société, le Gouvernement aristocrati - monarchique n'offre pas la même stabilité et les mêmes avantages que le Gouvernement tenant de la monarchie et de la démocratie.

Pour un peuple nombreux et éclairé , ce dernier Gouvernement présente tous les avantages des autres, sans en avoir les inconvéniens.

Son caractère distinctif, essentiel et fondamental, devant être dans la division du pouvoir législatif entre le Monarque et les Corps représentatifs , et dans la réunion et l'exercice absolu du Pouvoir exécutif dans la personne du Monarque, toutes les classes de citoyens qui jouissent de leurs

droits civils , devant y être représentées et con-
courir de cette manière à la formation de la loi ,
les lois devront nécessairement avoir pour bases
l'intérêt du plus grand nombre, et leur sagesse et
leur maturité se trouveront réunies à la fermeté
et à la promptitude de l'exécution ; mais les attributions du pouvoir législatif et celles du pouvoir exécutif doivent y être scrupuleusement ré-
parties selon leur nature; ce qui n'est que d'exécution doit appartenir exclusivement au Monarque ; ce qui n'est pas exécution, ce qui doit être
créé, les lois , les impôts, les déclarations de
guerre offensive, etc., ne peut l'être par lui sans
le concours des Corps représentatifs.

C'est cette juste répartition qui seule peut
maintenir l'équilibre et mettre obstacle à ce que
le Chef puisse ressaisir par la suite, contre son
propre intérêt, le pouvoir despotique et absolu.

Si la loi est utile, l'impôt nécessaire, la guerre
indispensable, les Corps représentatifs seront
d'accord avec le Monarque, la volonté sera générale. C'est cette unanimité qui donne la ga-
rantie que l'intérêt du plus grand nombre sera
respecté. Si la proposition blesse cet intérêt, le
Monarque ne doit point regretter qu'elle ne soit
pas admise; car il ne doit rien vouloir que dans
ce même intérêt, il ne peut lui-même en avoir

d'autre, et tels doivent être le mobile et la règle de ses désirs et de ses actions.

Un objet non moins essentiel doit donc être d'assurer l'indépendance des Corps représentatifs, autrement la représentation ne serait qu'illusoire, chimérique et plus dangereuse qu'utile.

Les hommes sont faibles, il faut les mettre à l'abri de la suggestion. Si le Monarque peut accorder des charges, des titres, des honneurs aux membres des Corps représentatifs, leur indépendance est compromise ; exposés à la séduction, ils peuvent succomber.

Ils représentent le peuple, ils ne doivent rien tenir que du peuple. Ils exercent une partie de la Souveraineté concurremment avec le Monarque, il serait indigne d'eux de rien recevoir de lui.

Il ne suffit pas de garantir l'indépendance des Représentans, il faut encore qu'ils soient probes et éclairés. Il faut considérer que la Constitution est créée pour un peuple imparfait ou corrompu, mais parmi lequel il existe cependant des gens de bien ; c'est ceux-là qu'il faut mettre en place ; on ne saurait prendre trop de précautions pour atteindre ce but.

Il est dans la nature que l'intérêt personnel dirige les hommes ; il est rare qu'ils le sacrifient à celui d'autrui. Il faut donc que les Représentans soient pris parmi les hommes qui ont un intérêt commun avec ceux des classes qu'ils représentent.

Les Constitutions de 1789 et de 1791 contenaient de beaux préceptes, qui seraient bien placés dans un Cours élémentaire de morale et de philosophie, mais non pas dans un Acte constitutionnel.

Les hommes de bien trouvent ces préceptes dans leur conscience, et ils en font la règle de leur conduite sans qu'ils soient écrits et placés sous leurs yeux.

C'est en vain qu'ils sont écrits pour les hommes pervers et corrompus. Ces hommes ne les sentent point, et leur intérêt personnel étant leur unique loi, comment pourraient-ils les observer. Ces hommes sont naturellement intrigans, ils vont au-devant des places, ils sollicitent, ils surprennent, ils arrachent les suffrages de leurs concitoyens.

Les hommes de bien agissent tout différemment; ils ne sollicitent rien, ils croient toujours qu'un autre pourra faire mieux qu'ils ne feraient eux-mêmes; mais si la confiance publique les découvre et les honore, ils savent la mériter.

Pour éloigner les uns et mettre les autres en évidence, le choix du peuple doit être dirigé par de sages précautions.

Les Constitutions de 1789 et de 1791 n'en prescrivaient aucune, la Représentation pouvait donc avec elles être composée de gens à talens, mais non pas d'honnêtes gens.

Un autre vice de ces Constitutions, d'autant plus dangereux que la composition du Corps représentatif est plus mauvaise, c'est que le Pouvoir législatif résidait en entier dans ce corps. Il pouvait renverser le Pouvoir exécutif ou le Monarque, et plonger l'Etat dans les horreurs de l'anarchie. C'est ce que le fatal attentat commis sur la personne de Louis XVI n'a que trop prouvé.

C'est dans l'intérêt du peuple lui-même que la personne du Monarque doit être inviolable et sacrée, sous un Gouvernement véritablement monarchique.

Le vice contraire existe dans la Constitution du 22 frimaire an 8, et dans tous les Sénatus-Consultes organiques dont elle a été suivie. Plusieurs attributions du Pouvoir législatif y ont été successivement envahies par le Pouvoir exécutif.

La première déviation fut et sera toujours le premier principe de toutes les autres usurpations.

Le Pouvoir exécutif exerça une influence de plus en plus directe sur les Assemblées électorales et sur les Chambres elles-mêmes.

Les Députés et les Sénateurs furent exposés à mille séductions et perdirent toute indépendance.

La Représentation devint illusoire ; le despotisme put s'élever et marcher sans obstacle, entraînant avec lui des maux non moins funestes que ceux produits par l'anarchie. Les désastres récens dont la source n'est pas encore tarie, en sont une preuve non moins déplorable.

Les mêmes erreurs, les mêmes vices se retrouvent dans la Constitution proposée par le Sénat et dans la Charte constitutionnelle, et de plus grands encore, tels que l'hérédité de la noblesse (cause première de la Révolution), l'hérédité des Pairs, la non publicité des séances de leur chambre, les déclarations de guerre laissées à l'arbitraire du Souverain, l'accumulation des places dans la personne des Députés et des Pairs, la dissolution des Chambres attribuée au Souverain, etc. Elles ne pourraient donc encore consolider le Gouvernement, et seraient évidemment la source des mêmes révolutions et des mêmes malheurs.

De ce que toutes les Constitutions que nous avons eues jusqu'à ce jour sont imparfaites et vicieuses, il n'en faut pas conclure que toute Constitution sera infructueuse et sans utilité ; mais il faut chercher de bonne foi et avec franchise les

principes et la combinaison d'une meilleure organisation.

Ces principes et cette combinaison sont faciles
à saisir ; mais il faudrait que le Chef du Gouvernement, convaincu qu'ils sont dans son intérêt
personnel comme dans l'intérêt de tous, voulût
de bonne foi leur établissement. Si telle était sa
volonté sincère, tout se préparerait, se dispo-
serait, s'organiserait dans le calme, sans trouble
et sans orage : l'édifice élevé, toutes ses parties
placées daus un juste équilibre, elles se soutien-
draient mutuellement et seraient dès-lors indestructibles ; mais, si sa volonté résiste au vœu gé-
néral, à l'impulsion naturelle, les esprits s'agitent,
s'échauffent, s'électrisent et s'enflamment, l'orage
éclate avec violence, les bornes sont dépassées,
et au milieu de l'effervescence, de l'agitation et du
trouble qui succèdent à son explosion, l'équilibre
ne peut être saisi et maintenu.

Le mal, produit sans aucun résultat utile pour
atteindre un bien qui s'échappe, s'évanouit et
semble ne pouvoir exister, décourage, et anéantit
l'espérance. L'accablement laisse un nouvel ordre
de chose aussi vicieux succéder au premier pour
être bientôt remplacé lui-même par un autre qui
ne sera pas plus parfait.

C'est ainsi que les siècles se sont écoulés et

sont venus jusqu'à nous sans que le dernier ait su profiter de l'expérience de ceux qui l'avaient précédé, et l'histoire ne nous offre point encore l'exemple d'un Gouvernement établi sur des bases vraiment justes et sages.

Aussi tous ont été plus ou moins agités, plus ou moins malheureux ; tous ont été renversés et remplacés par d'autres détruits à leur tour ; tandis qu'un bon Gouvernement devrait être indestructible et durer autant que le peuple qui serait assez heureux pour le posséder.

Faudra-t-il donc perdre toute espérance, et serons-nous réduits à croire que la justice (le principe et la vie de l'univers) ne puisse être la base des Gouvernemens, qui n'existent que pour la faire respecter parmi les hommes ? La force et l'arbitraire seront-ils toujours leur unique loi ?

Semblable à un vaisseau battu par la tempête, dont le pilote et les matelots, sans force et sans courage, abandonnent les voiles et le gouvernail à la fureur des vents et des flots, le Gouvernement ira-t-il sans cesse nous précipiter dans les abîmes, nous briser contre les écueils, sans qu'aucun de nous ose élever la voix pour ranimer l'espérance, relever le courage, et indiquer la route qu'il faut tenir pour le salut de tous, et qui doit nous conduire dans un port pour toujours à l'abri des orages ?

Les hommes seront-ils constamment sourds à cette voix, ou refuseront-ils toujours de l'entendre ?

Tous les siècles n'ont pas vu naître les mêmes phénomènes : pourquoi le nôtre ne verrait-il pas se réaliser le bienfait le plus précieux pour l'humanité.

Il peut être produit par la volonté d'un seul homme, et cet homme, en le créant, agira dans son propre intérêt et dans celui de ses descendans. En faisant son bonheur et le leur, il assure le bonheur de tous. En se débarrassant de l'excès de l'autorité qui la rend pénible, dangereuse pour lui et à charge pour les autres, afin de la consolider, et de l'affermir à jamais, il fait cependant une action grande et généreuse , au-dessus du caractère ordinaire de l'homme, dont le propre est de pousser tout à l'excès, et de ne pas savoir juger ce qu'exige son véritable intérêt.

Il donne à tous les Rois de la terre le plus noble et le plus utile exemple ; il acquiert une gloire véritable , pure et immortelle, une gloire que ne peuvent donner les plus éclatantes victoires. L'univers bénira sa mémoire, et son nom adoré sera l'objet de la vénération et de la reconnaissance des siècles à venir.

Décret Constitutionnel accepté et sanctionné par le Roi , des 20, 21 , 23 et 26 août 1789.

Constitution adoptée par l'Assemblée constituante , acceptée et sanctionnée par le Roi , des 3 , 9, 10, 11, 12 , 14, 17 , 22 , 23 , 29, 30 septembre et 1er. octobre 1789.

Lettres-patentes sur l'organisation des Assemblées municipales ; sanctionnées par le Roi , du 22 décembre 1789.

Décret relatif à la fixation de la liste civile, proclamé par le Roi, du 9 juin 1790.

Décret sur l'Organisation judiciaire, proclamé par le Roi , du 16 août 1790.

Décret relatif aux apanages des Princes, du 21 décemb. 1790.

Décret relatif à la Régence, proclamé par le Roi, des 22 , 23 , 24, 25, 26 , 28 et 29 mars 1791.

Lettre de Louis XVI , du 23 avril 1791.

Décret relatif à l'organisation du Ministère , du 27 avril 1791.

Décret relatif à la fixation de la Liste civile , sanctionné et proclamé par le Roi , du 26 mai 1791.

Décret sur l'organisation du Corps législatif, ses fonctions et ses communications avec le Roi , du 13 juin 1791.

Constitution adoptée par l'Assemblée législative et sanctionnée par le roi , des 3 et 14 septembre 1791.

Déclar. des Droits de l'Homme, de la Conv. nat., 29 mai 1793.

Constitution de la Convention nationale, 24 juin 1793.

Constitution du Gouvernement directorial , 5 fructidor an 3.

Idem du Consulat , du 22 frimaire an 8.

Concordat du 26 messidor an 9.

Sénatus-Consulte organique , du 16 thermidor an 10.

Arrêté des Consuls , du 19 fructidor an 10.

Sénatus-Consulte , du 14 nivose an 11.

Sénatus-Consulte organique impér. , du 28 floréal an 12.

Décret relatif aux cérémonies publiques , 24 messidor an 12.

Décret impérial du 17 janvier 1806.

Réglement relatif aux colléges électoraux , du 15 mai 1806.

Code de Procédure criminelle , du 17 novembre 1808.

Sénat.-Cons. sur la dotation de la Couronne, du 30 janv. 1810.

Constitution proposée par le Sénat , du 6 avril 1814.

Charte constitutionnelle , du 4 juin 1814.

Acte Additionnel, du 22 avril 1815.

CONSTITUTION.

TITRE PREMIER.

DU GOUVERNEMENT.

CHAPITRE PREMIER.

ART. 1. Le Gouvernement de la France est essentiellement monarchique (1).

CHAPITRE II.

Du Pouvoir législatif.

2. Le Pouvoir législatif est confié au Monarque et à deux corps représentatifs, l'un appelé la Chambre des Pairs, l'autre appelé la Chambre des Députés (2).

---

(1) Art. 2 de la Constit. des 30 sept. et 1er. octob. 1789.

— 4. Tit. 3. Constit. du 3 sept. 1791.

— 1. de la Const. prop. par le Sénat, le 6 avril 1814.

(2) Art. 3 et 6 du décret du 26 août 1789; *par analogie.*

Lettre de Louis XVI, du 23 avril 1791.

Art. 3. Tit. 3. Constit. du 3 sept. 1791; *analogie.*

— 44. Constit. du 5 fructidor an 3; *analogie.*

— 15. de la Charte constitut. du 4 juin 1814; *analog.*

— 2. de l'Acte additionnel du 22 avril 1815; *analogie.*

Ils l'exercent conjointement et collectivement de la manière ci-après indiquée (1).

3. La Chambre des Pairs représente les citoyens les plus riches en propriétés territoriales et possédant en biens fonds un revenu annuel de dix mille francs, au moins (2).

4. La Chambre des Députés représente les autres classes de l'Etat (3).

5. Chaque année, à l'époque du premier janvier, tous les Citoyens jouissant du revenu fixé par l'art. 3 et de l'intégrité de leurs droits civils, se réunissent en assemblées électorales de département, au chef-lieu du département, pour l'élection des membres de la Chambre des Pairs et pour la rédaction de leurs instructions (4).

6. Chaque année, à la même époque, tous les Citoyens qui ne sont point appelés à faire partie

---

(1) Art. 3. Tit. 3. Constit. du 3 sept. 1791; *analogie.*

(2) Art. 31. Sénat.-Cons. organ. 16 therm. an 10; *anal.*

— 63 et suiv. de l'Arrêté du 19 fruct. an 10; *analogie.*

— 6 du Décret du 17 janv. 1806; *analogie.*

(3) Art. 8 et 32 de la Constit. du 24 juin 1793; *analogie.*

(4) Art. 8 et 32 de la Constit. du 24 juin 1793; *analogie.*

— 51. Sect. 3. Ch. 1er. Tit. 3. Const. 3 sept. 1791; *anal.*

— 25. Sénatus-Consulte organ., 16 therm. an 10; *anal.*

— 3. Sénatus-Consulte organique, 16 therm. an 10.

des Assemblées électorales de département, jouissant aussi de l'intégrité de leurs droits civils et payant, soit au rôle des patentes, soit en contributions foncière, mobiliaire, somptuaire ou autres, une contribution annuelle de trois cents francs, au moins, se réunissent en assemblées électorales d'arrondissement, au chef-lieu de l'arrondissement, pour l'élection des membres de la Chambre des Députés et pour la rédaction de leurs instructions (1).

7. L'organisation des Assemblées électorales de département et d'arrondissement leur appartient exclusivement (2).

Elles nomment leurs Présidens, leurs Secrétaires et leurs scrutateurs.

Ils doivent être choisis dans leur sein (3).

Toutes les élections, toutes les délibérations

---

(1) Art. 1ᵉʳ. § 2. Sect. 3. Chap. 1ᵉʳ. Tit. 3. Constit. du 3 sept. 1791; *analogie.*

— 2. Sén.-Cons. organique du 16 thermidor an 10.

— 40 de la Charte constitution. du 4 juin 1814; *analog.*

(2) Art. 14 de la Constit. du 24 juin 1793.

— 6. Sect. 4. Ch. 1ᵉʳ. Tit. 3. Constit. du 3 sept. 1791.

— 12. Constit. du Sénat, 6 avril 1814.

(3) Art. 12 de la Constit. du Sénat, 6 avril 1814.

y sont adoptées à la majorité absolue, par la voie du scrutin secret (1).

8. Les membres de la Chambre des Pairs doivent être nécessairement élus parmi les citoyens qui sont aptes à faire partie des Assemblées électorales de département.

Etant pères de famille.

Agés de quarante ans, au moins (2).

Ayant déjà rempli les fonctions de maires, d'adjoints, de conseillers municipaux et autres places à la nomination de leurs concitoyens.

9. Les membres de la Chambre des Députés doivent être nécessairement élus parmi les citoyens qui sont aptes à faire partie des Assemblées électorales d'arrondissement.

Etant pères de famille.

Agés de trente ans, au moins (3).

Et ayant déjà rempli des fonctions publiques autres que celles qui sont à la nomination du Monarque.

10. Il y a un membre de la Chambre des Pairs par chaque département, et un membre de la

---

(1) Art. 2. Sect. 3. Ch. 1er. Tit. 3. Constit. 3 sept. 1791.
(2) Art. 15 de la Constit. du 22 frimaire an 8.
(3) Art. 31 de la Constit. du 22 frimaire an 8.

Chambre des Députés par chaque arrondissement (1).

11. Les membres de la Chambre des Pairs
sont nommés à vie et inamovibles (2).

Leurs fonctions sont essentiellement incompatibles avec toutes celles qui sont à la nomination du Monarque (3).

Ils ne peuvent recevoir du Monarque, et
même solliciter pour leurs familles ni pour qui
que ce soit, aucunes grâces, aucuns titres ni distinctions.

Ils ne peuvent être contraints par corps en
matière civile et de commerce (4).

Leurs biens ne sont aliénables que lorsque
leur revenu excède celui fixé par l'art. 3, et
quant à l'excédent seulement.

---

(1) Art. 2. Ch. 1er. Tit. 3. Const. du 3 sept. 1791; *anal.*
— 31 de la Constit. du 22 frimaire an 8; *analogie.*
(2) Art. 15 de l'Acte constit. du 22 frimaire an 8.
— 1er. du Sénatus-Consulte du 14 nivose an 11.
(3) Art. 7 du Décret du 13 juin 1791.
— 2. Sect. 4. Chap. 2. Tit. 3. Constit., 3 sept. 1791.
— 47. Constit. du 5 fructidor an 3.
— 18. Constit. du 22 frimaire an 8.
(4) Art. 7. Sect. 5. Ch. 1. Tit. 3. Const. 3 sept. 1791; *ana.*
— 51 de la Charte const. 4 juin 1814; *analogie.*
— 15 de l'Acte addition. 22 avril 1815; *analogie.*

Ils reçoivent annuellement une somme de cinquante mille francs, à titre d'indemnité.

Ils peuvent être jugés en matière d'état, en matières criminelle et correctionnelle par la Cour de Cassation, sur l'accusation et la poursuite de la Chambre des Députés, sans préjudice de l'exercice des droits et de l'action personnelle de la partie lésée devant les Tribunaux ordinaires (1).

12. Les membres de la Chambre des Députés sont nommés pour cinq ans (2).

Ils peuvent être réélus (3).

Leurs fonctions sont essentiellement incompatibles avec toutes celles qui sont à la nomination du Monarque (4).

Durant l'espace des deux années qui suivront

---

(1) Art. 23. Ch. 5. Tit. 3. Const. 3 sept. 1791; *analogie.*
— 114, 116 et suiv.; 265 et s. Const. 5 fruct. an 3; *ana.*

(2) Art. 9. Const. proposée par le Sénat. 6 avril 1814.
— 37 de la Charte constit. 4 juin 1814.
— 13 de l'Acte addition. 22 avril 1815.

(3) Art. 78. Sén.-Cons. organique, 28 floréal an 12.
— 12 de l'Acte additionnel, 22 avril 1815.

(4) Art. 7 du Décret du 13 juin 1791.
— 2. Sect. 4. Ch. 11. Tit. 3. Const. 3 sept. 1791.
— 47. Const. du 5 fructidor an 3.

la cessation de leurs fonctions, ils ne peuvent occuper aucunes places de la même nature.

Pendant la durée de leurs fonctions et pendant les deux années qui suivront leur cessation, ils ne peuvent recevoir du Monarque pour eux, et solliciter pour leurs familles ni pour qui que ce soit, aucunes grâces, aucunes faveurs, aucuns titres ni distinctions.

Durant l'existence de leurs fonctions, ils ne peuvent être contraints par corps en matières civile et de commerce (1).

Ils reçoivent annuellement une somme de quinze mille francs, à titre d'indemnité (2).

Ils peuvent être jugés en matière d'état, en matières criminelle et correctionnelle, pendant la durée de leurs fonctions, par la Cour de Cassation, sur l'accusation et la poursuite de la Chambre des Pairs, sans préjudice de l'exercice des droits et de l'action personnelle de la partie lésée devant les tribunaux ordinaires (3).

13. Chaque année, à l'époque du 1ᵉʳ. janvier,

---

(1) Art. 51 de la Charte const. 4 juin 1814; *analogie.*
— 15 de l'Acte addit. du 23 avril 1815; *analogie.*
(2) Art. 36 de la Const. du 22 frim. an 8.
(3) Art. 23. Ch. 5. Tit. 3 Const. du 3 sept. 1791; *analog.*
— 114, 116, 265 et suiv. Const. 5 fruct. an 3.

la Chambre des Pairs et la Chambre des Députés s'assemblent de plein droit dans la capitale (1).

Leurs sessions durent trois mois.

Le Monarque ne peut les dissoudre avant l'expiration de ce délai (2). Il peut le proroger (3). Il peut les convoquer extraordinairement (4).

Dans ce dernier cas, le délai à compter du jour de leur convocation jusqu'à celui de l'ouverture de leurs sessions, sera de vingt jours, au moins.

14. Leur organisation intérieure leur appartient exclusivement (5).

---

(1) Art. 15 du Décret du 13 juin 1791.

— 41 de la Const. du 24 juin 1793.

— 57. Const. du 5 fruct. an 3.

— 33 de la Const. du 22 frim. an 8.

— 10 de la Const. proposée par le Sénat. 6 avr. 1814.

(2) Art. 36 du Décret du 13 juin 1791.

— 5. Ch. 1er. Tit. 3. Const. du 3 sept. 1791 ; *analogie.*

(3) Art. 50 de la Charte const. 4 juin 1814.

— 21 de l'Acte addit. du 22 avril 1815.

(4) Art. 38 du Décret du 13 juin 1791.

— 15 de la Sect. 4, Ch. 3. Tit. 3. Constit. 3 sept. 1791.

— 53 de la Constit. du 22 frim. an 8.

— 10 de la Constitution du Sénat , 6 avril 1814.

(5) Art. 4. Sect. 1re. Ch. 3. Tit. 3. Const. du 3 sept. 1791.

— 52 de la Const. du 24 juin 1793.

— 63 de la Const. du 5 fruct. an 3.

Elles nomment leurs présidens, secrétaires et scrutateurs (1). Ils doivent être pris dans leur sein.

Leurs séances sont publiques, et leurs délibérations doivent être adoptées à la majorité absolue par la voie du scrutin secret (2).

Le Monarque, les membres de sa famille et les ministres ne peuvent y siéger (3).

Toutes communications leur sont données par écrit, et transmises par des orateurs ou par des messagers d'Etat (4).

Le nombre des membres présens doit être des

---

(1) Art. 35 du Décret du 13 juin 1791.
— 12 de la Const. du Sénat. 6 avril 1814.
— 9. de l'Acte addit. du 22 avril 1815.
(2) Art. 47 et 68 du Décret du 13 juin 1791.
— 1er. et 7. Sect 2. Ch. 3. Tit. 3. Const. 3 sept. 1791.
— 45 de la Const. du 24 juin 1793.
— 64 de la Const. du 5 fruct. an 3.
— 34, 35 de la Const. du 22 frim. an 8.
— 11. Constitution du Sénat. 6 avril 1814.
— 44. Charte Constitutionnelle du 4 juin 1814.
(3) Art. 74 du Décret du 13 juin 1791.
— 5. Sect. 3. Ch. 2. et art. 8. Sect. 4. Ch. 3. Tit. 3. Const. du 3 sept. 1791.
— 20 de l'Acte addit. du 22 avril 1815; *par analogie.*
(4) Art. 53 de la Const. du 22 frim. an 8.

deux tiers, au moins, pour qu'elles puissent délibérer (1).

15. Aucune loi, aucun décret ayant force de loi, aucun impôt, aucune levée d'hommes, aucune déclaration de guerre offensive, aucun traité d'alliance, de paix et de commerce, ne peuvent avoir lieu, qu'ils n'aient été proposés indistinctement par le Monarque ou par l'une des deux Chambres, et adoptées par le Monarque et par les deux Chambres (2).

---

(1) Art. 68 du Décret du 13 juin 1791.
—7. Sect. 2. Ch. 3. Tit. 3. Const. du 3 sept. 1791 ; *ana.*
—90 de la Const. du 22 frim. an 8.
(2) Art. 14 du Décret du 26 août 1789.
—8, 9, 10, 13, 15 et 17 de la Constitut. des 30 sept. et 1er. oct. 1789.
Lettre de Louis XVI, du 23 avril 1791.
Art. 75 et 92 du Décret du 23 juin 1791.
—6 de la Déclarat. du 3 sept. 1791 ; *par analogie.*
—1er. 2 et 3. Sect. 1re. Ch. 3. Tit. 3. Const. 3 sept. 1791.
— 6, Sect. 1re. Ch. 4. Tit. 3. *id.* Tit. 6. *id.*
— 53, 54 et 55 de la Const. du 24 juin 1793.
— 326 de la Const. du 5 fruct. an 3.
— 25, 30, 34 de la Const. du 22 frim. an 8.
— 5, 15 et 16 Const. prop. par le Sénat, 6 avr. 1814.
— 12, 47 et 48 de la Charte const. 4 juin 1814.
— 35 de l'Acte addit. du 22 avril 1815.

La division de la France en départemens et en arrondissemens ne pourra être fixée, changée ou modifiée que par une loi (1).

Aucun accroissement du territoire ne peut avoir lieu, s'il n'est pareillement adopté par les deux Chambres et par le Monarque.

CHAPITRE III.

Du Pouvoir Exécutif.

16. Le Monarque exerce seul et exclusivement le pouvoir exécutif tant à l'intérieur qu'à l'extérieur (2).

La justice est rendue, les arrêts et les jugemens intitulés en son nom (3).

Les négociations à l'extérieur sont également

---

(1) Art. 1er. § 2, et Art. 8, Tit. 2. Const. du 3 sept. 1791; *par analogie.*

(2) Art. 3, 16 et 17. Const. des 30 sept. et 1er. oct. 1789. — 1er. et 4, Ch. 4, Tit. 3 de la Const. du 3 sept. 1791. — 4 de la Const. proposée par le Sénat. 6 avril 1814. — 13 de la Charte const. du 4 juin 1814.

(3) Art. 19 de la Const. des 30 sept. et 1er. oct. 1789. — 1er. Tit 2 de la Loi du 16 août 1790. — 86 du Décret du 13 juin 1791. — 1er. du Sénatus-Consulte org. du 28 floréal an 12.

suivies, discutées, adoptées, rédigées et signées en son nom (1).

Il fait et détermine les réglemens, les formes et les dépenses relatives à l'administration intérieure et extérieure (2).

Chaque année, à l'ouverture de la session des deux Chambres, il soumet à leur examen et leur présente en personne ou leur fait présenter en sa présence, le budjet contenant, d'après les rapports de chaque ministère, la situation des finances, l'état et la répartition des dépenses qu'il juge nécessaires (3).

A lui seul appartient le droit de faire grâce (4).

---

(1) Art. 1er. Ch. 4. et Art. 1, 2 et 3. Sect. 3. Ch. 4. Tit. 3. de la Const. du 3 sept. 1791.

— 49 de la Const. du 22 frim. an 8.

— 57 de la Charte constitut. du 4 juin 1814.

(2) Art. 14 du Décret du 26 août 1789.

— 45 Constit. du 22 frim. an 8.

— 14 de la Charte const. du 4 juin 1814.

(3) Art. 14 du Décret du 26 août 1789.

— 26 et 27 du Décret du 27 avril 1791 ; *par analogie.*

— 3, Tit. 5 de la Const. du 3 sept. 1791.

— 57 de la Const. du 22 frim. an 8.

— 15 de la Const. du Sénat du 6 avril 1814.

— 37 de l'Acte addit. du 22 avril 1815.

(4) Art. 17 de la Const. propos. par le Sénat. 6 avr. 1814.

— 67 de la Charte const. du 4 juin 1814.

— 57 de l'Acte addit. du 22 avr. 1815.

Il ne doit pas commander les armées en personne, hors du territoire français.

Il nomme les Ministres, les Conseillers d'État, les Ambassadeurs et autres agens diplomatiques, les officiers exerçant le Ministère public près des Tribunaux de première Instance et d'Appel, les Préfets, les Commissaires-généraux de police et tous agens du pouvoir exécutif, tant à l'intérieur qu'à l'extérieur (1).

Les juges à la Cour de Cassation et les officiers-généraux de terre et de mer sont nommés sur sa présentation, par l'une des deux Chambres alternativement (2). Les juges à la Cour de Cassation ne sont éligibles qu'autant qu'ils ont exercé comme juges d'appel pendant cinq ans au moins. Ils sont nommés à vie et ina-

---

(1) Art. 8. Tit. 2. de la Loi du 16 août 1790.

— 1er. du Décret du 27 avril 1791.

— 1er. Sec. 4. Chap. 2, et Art. 2. Chap. 4. Tit. 3. Constitution du 3 septembre 1791.

(2) Art. 12 du Décret du 26 août 1789; *par analog.*

— 13. Déclaration du 3 septembre 1791; *analogie.*

— 2. Chap. 4. Tit. 3. de la Const. dudit jour; *analog.*

— 20. Const. du 22 frimaire an 8; *analogie.*

— 85. Sénatus-Consulte org. du 16 therm. an 10; *ana.*

movibles (1). Ils ne peuvent remplir aucunes autres fonctions et recevoir pour eux, ni même solliciter pour qui que ce soit, aucunes grâces, aucunes faveurs du Monarque (2). Ils reçoivent un traitement annuel de 20,000 fr. Celui du Président est d'un tiers en sus.

Il peut accorder des distinctions, des titres, des honneurs et des récompenses nationales, civiles et militaires ; mais ils sont essentiellement individuels et ne peuvent jamais devenir héréditaires (3).

Sa personne est inviolable et sacrée (4).

17. Les domaines de la couronne sont inaliénables (5).

---

(1) Art. 9. Tit. 2. Loi du 16 août 1790.
— 109 de la Constitution du 5 fructidor an 3.
— 18 de la Constitution du Sénat du 6 avril 1814.
— 58 de la Charte Constitutionnelle du 4 juin 1814.
— 51 de l'Acte Additionnel du 22 avril 1815.

(2) Art. 2. Sec. 4. Ch. 2. Tit. 3. Const. du 3 sept. 1791.

(3) Art. 3o. Déclaration du 29 mai 1793.

(4) Art. 3 de la Constit. des 3o sept et 1er. oct. 1789.
— 2. Sec. 1re. Chap. 2. Tit. 3. Const. du 3 sept. 1791.
— 21 de la Constitution du Sénat du 6 avril 1814.
— 13. Charte Constitutionnelle du 4 juin 1814.

(5) Art. 10, 11 et 12 du Sénatus-Consulte du 3o juin 1810.

La liste civile est fixée, annuellement, à trente millions, y compris le revenu des domaines, pour le Roi et sa famille (1). Elle ne peut jamais excéder cette somme, et en conséquence, chaque année, il doit en être fait emploi.

18. Aucune caisse, aucun dépôt, autres que ceux dépendant de la liste civile, ne peuvent être mis à la disposition du Monarque ni de ses agens, en aucun temps et sous quelque prétexte que ce soit, sous peine de forfaiture (2).

Aucun ordre ne peut être exécuté sans la signature d'un Ministre (3).

Les Ministres, les Ambassadeurs, les Préfets, les Officiers-généraux de terre et de mer, les Commissaires de police et tous autres agens du

---

(1) Décret du 9 juin 1790.

Décret relatif aux apanages, du 21 décembre 1790.

Art. 1er. et 4 du Décret du 26 mai 1791.

— 15. Sénatus-Consulte organiq. du 28 floréal an 12.

(2) Art. 319 et suiv. Const. du 5 fructidor an 3 ; *analog.*

— 56. Constitution du 22 frimaire an 8 ; *analogie.*

(3) Art. 18 de la Const. des 30 sept. et 1er. octobre 1789.

— 24 du Décret du 27 avril 1791.

— 4. Sec. 4. Chap. 2. Tit. 3. Const. du 3 sep. 1791.

— 55. Constitution du 22 frimaire an 8.

— 21. Constitution du Sénat, du 6 avril 1814.

— 38. Acte Aditionnel du 22 avril 1815.

Pouvoir exécutif, tant à l'intérieur qu'à l'exté-rieur, sont essentiellement responsables (1).

Ils peuvent être accusés par l'une des deux Chambres indistinctement et jugés par la Cour de Cassation, sans préjudice de l'action personnelle de la partie lésée devant les Tribunaux ordinaires (2).

---

(1) Art. 7 et 15 du Décret du 26 août 1789.

— 18 de la Const. des 30 sep. et 1er. octob. 1789.

— 25 et 29 du Décret du 27 avril 1791.

— 7, 8, 9 et 15. Const. du 3 septembre 1791.

— 5 et 6. Sec. 4. Ch. 2. Tit. 3. Const. du 3 sept. 1791.

— 23. Chap. 5. Tit. 3 de la Const. du 3 sep. 1791.

— 12, 24 et 31 de la Déclaration du 29 mai 1793.

— 9. Déclaration du 5 fructidor an 3.

— 152. Constitution dudit jour.

— 72. Constitution du 22 frimaire an 8.

— 21. Constitution du Sénat, du 6 avril 1814.

— 13 de la Charte Constitutionnelle du 4 juin 1814.

— 38 de l'Acte Additionnel du 22 avril 1815.

(2) Art. 1er. Sec. 1re. Chap. 3. Tit. 3. Constitut. du 3 septembre 1791; *analogie.*

— 61 de la Constitution du 24 juin 1793; *analogie.*

— 265 et suiv. Const. du 5 fructidor an 3; *analogie.*

— 73. Constitution du 22 frimaire an 8; *analogie.*

— 112 du Sénatus-Consulte organique du 28 floréal an 12; *analogie.*

— 55 de la Charte Const. du 4 juin 1814; *analogie.*

— 40 de l'Acte Additionnel du 22 avril 1815; *anal.*

19. Le droit au trône est héréditaire dans la ligne descendante directe légitime ou naturelle, de mâle en mâle, par ordre de primogéniture, à l'exclusion perpétuelle et absolue des femmes et de leurs descendans (1).

Les descendans naturels n'y sont appelés qu'à défaut de descendans légitimes.

En cas de minorité, ou de démence, la tutelle est déférée de plein droit, si elle ne l'a point été par le Monarque, au plus proche parent paternel, en lignes directe ou collatérale ascendantes, également à l'exclusion perpétuelle et absolue des femmes et de leurs descendans (2).

A défaut de parens ascendans du côté paternel, elle est déférée par les deux Chambres, si leur choix se réunit sur un seul homme; mais au contraire s'il y a division entre elles, le choix entre les deux candidats est déféré aux assemblées électorales de département et d'arrondis-

---

(1) La Loi Salique.

Art. 3 de la Const. des 30 sept. et 1er. oct. 1789.

— 1er. Sec. 1re. Ch. 11. Tit. 3. Constit. du 3 sept. 1791.

— 3. Sénatus-Consulte organique du 28 floréal an 12.

— 1er. de la Constit. du Sénat, du 6 avril 1814.

(2) Art. 2, 3, 4 et 7 du Décret du 29 mars 1791; *analog.*

— 2. Sec. 2. Ch. 2. Tit. 3. Const. du 3 sept. 1791; *anal.*

— 18. Sénatus-Consulte org. du 28 floréal an 12; *anal.*

sement, à cet effet extraordinairement convoquées (1).

En cas d'extinction de la famille régnante, les deux Chambres nomment pareillement un successeur, si leur choix se réunit sur un seul homme; mais au contraire, s'il y a division, le choix, entre les deux candidats, est déféré aux assemblées électorales de département et d'arrondissement, à cet effet extraordinairement convoquées (2).

En cas d'absence, si le Monarque n'a point nommé un Conseil de régence, avant d'être tombé au pouvoir d'une nation étrangère, ou même avant d'avoir quitté le territoire français, ce Conseil, nécessairement composé de trois personnes, est nommé par les deux Chambres, si le choix de l'une est semblable à celui de l'autre. En cas de division, au contraire, il est nommé, sur leur proposition, par les assemblées

---

(1) Art. 10 et suiv. Décret du 29 mars 1791; *analogie.* — 5 et suiv. Sect. 2. Chap. 2. Tit. 3. Constitution du 3 septembre 1791; *analogie.*

(2) Art. 10 et suiv. du Décret du 29 mars 1791; *analog.* — 5 et suiv. Sect. 2. Chap. 2. Tit. 3. Constitution du 3 septembre 1791; *analogie.*

électorales de département et d'arrondissement ;
à cet effet extraordinairement convoquées (1).

Dans les trois derniers cas qui viennent d'être
prévus, la convocation des assemblées électorales de département appartient à la Chambre
des Pairs et celle des assemblées électorales
d'arrondissement à la Chambre des Députés.

. . . . est présentement reconnu et
proclamé Monarque des Français.

TITRE II.

DROIT PUBLIC.

20. Le peuple se réserve expressément, pour
l'exercer par lui-même et directement, le droit
de nommer les maires, les adjoints, les conseillers municipaux et de préfecture, les juges
et suppléans de première instance et d'appel (2).

------

(1) Art. 10 et suiv. du Décret du 29 mars 1791 ; *par anal.*
— 5 et suiv. Sect. 2. Chap. 2. Tit. 3. Constitution
du 3 septembre 1791 ; *analogie.*

(2) Art. 3 de la Loi du 16 août 1790.
Lettre de Louis XVI, 23 avril 1791.
Art. 5. Tit. 3. Constit. du 14 sept. 1791 ; *analogie.*
— 60, 67. Constitution du 22 frimaire an 8.

La nomination des maires, des adjoints, des conseillers municipaux , et des juges de paix aura lieu dans les assemblées de canton (1).

Ces assemblées seront composées de tous les habitans d'une commune, jouissant de l'intégrité de leurs droits civils (2).

Leur organisation intérieure leur appartient.

Elles sont présidées par le maire ou ses adjoints, et à leur défaut elles nomment leurs présidens.

Elles nomment aussi leurs secrétaires et leurs scrutateurs (3).

Leurs élections ont lieu à la majorité absolue, par la voix du scrutin secret (4).

---

(1) Art. 16 des Lettres-Patentes du 22 décembre 1789.

— 4. Tit. 3 de la Loi du 16 août 1790.

— 9. Tit. 1. Constitution du 3 septembre 1791.

— 1er. du Sénatus-Consulte organ. du 16 therm. an 10.

(2) Art. 5. Lettres-Patentes du 22 décembre 1789.

— 2. et 5. Sect. 2. Chap. 1er. Tit. 3. Const. 3 sept. 1791.

— 4. § 2. Sén.-Cons. org. 16 ther. an 10.

— 2 de l'Arrêté du 19 fructidor an 10.

— 1er., 8 et 39 du Décret du 17 janvier 1806.

(3) Art. 10 et 11 des Lettres-Patentes du 22 déc. 1789.

(4) Art. 2 des Lettres-Patentes du 22 décembre 1789.

— 31. Constitution du 5 fructidor an 3.

Elles sont convoquées par les maires ou leurs adjoints (1).

La nomination des juges de première instance aura lieu dans les assemblées électorales d'arrondissement (2).

Celle des juges d'appel et des conseillers de préfecture aura lieu dans les assemblées électorales de département.

Celle des juges et des consuls de commerce appartient au commerce (3).

21. Nul ne peut être nommé maire, adjoint, conseiller municipal, juge de paix et de première instance, s'il n'a exercé comme stagiaire ou comme avocat pendant cinq ans au moins, s'il ne jouit d'un revenu annuel de trois mille fr. au moins, et s'il n'est âgé de trente ans accomplis (4).

Nul ne peut être nommé juge d'appel ni conseiller de préfecture, s'il n'a déjà exercé, pendant cinq ans, soit comme maire, soit comme adjoint,

----

(1) Art. 8 des Lettres-Patentes du 22 décembre 1789.

(2) Art. 1er. Tit. 6 de la Loi du 16 août 1790.

— 41. Constitution du 5 fructidor an 3.

(3) Art. 7. Tit. 12 de la Loi du 16 août 1790.

(4) Art. 9, Tit. 2 de la Loi du 16 août 1790.

— 109, Constitution du 5 fructidor an 3.

— 22 et 24, § 3 du Décret du 17 janv. 1806; *analogie.*

comme conseiller municipal , comme juge-de-paix , ou comme juge de première instance.

22. Les juges de première instance et d'appel sont nommés à vie et inamovibles (1).

Ils reçoivent un traitement déterminé par la loi.

23. Il ne peut jamais, dans aucun cas, ni sous aucun prétexte, être porté atteinte à la liberté individuelle (2).

En conséquence, nul ne peut être arrêté, détenu, ni exilé, sans les formes, hors des cas, prévus par la loi , et sans être mis aussitôt en jugement et traduit devant les Tribunaux (3).

---

(1) Art. 68, Const. du 22 frimaire an 8 ; *analogie*.

— 18 de la Const. prop. par le Sénat, 6 avr. 1814.

— 58 de la Charte constitutionnelle du 4 juin 1814.

— 51 de l'Acte additionnel du 22 avril 1815.

(2) Art. 2, 8 et 9 du Décret du 26 août 1789.

— 2 de la Déclaration du 3 septembre 1791.

— 122 de la Constitution du 24 juin 1793.

— 4 de la Charte constitutionnelle du 4 juin 1814.

(3) Art. 7 du Décret du 26 août 1789.

— 7 de la Déclaration du 3 sept. 1791.

— 11 et suiv., Ch. 5. Tit. 3. Const. du 3 sept. 1791.

— 10, 11, 12 et 13 de la Décl. des dr. de l'h^e. 29 mai 1793.

— 8 de la Déclaration du 5 fructidor an 3.

— 76 et suiv. de la Constitution du 22 frimaire an 8.

— 4 de la Charte constitutionnelle du 4 juin 1814.

— 61 de l'Acte additionnel du 22 avril 1815.

A l'effet de maintenir la stricte et rigoureuse exécution de cette disposition, les maires de chaque commune , chaque mois, et les deux Chambres, au commencement et à la fin de leurs sessions, feront visiter les prisons, et se feront faire un rapport exact des motifs de la détention des prisonniers (1).

Ces rapports seront rendus publics.

- Il ne peut être créé aucunes commissions extraordinaires soit civiles soit militaires (2).

La justice est rendue publiquement, et chaque accusé a le droit de se défendre, soit par lui-même, soit par un avocat de son choix (3).

(1) Art. 15 , ch. 5. tit. 3. Const. du 3 sept. 1791 ; *analogie*.

— 129 de la Constitution du 5 fruct. an 3 ; *analogie*.

— 79 de la Const. du 22 frim. an 8 ; *analogie*.

(2) Art. 17, tit. 2 de la Loi du 16 août 1790.

— 4 , ch. 5. tit. 3 de la Const. du 3 sept. 1791.

—104 de la Const. du 5 fructidor an 3.

— 18 de la Const. du Sénat du 6 avril 1814.

— 62 et 63 de la Charte constitut. du 4 juin 1814.

— 60 de l'Acte additionnel du 22 avril 1815.

(3) Art. 14. tit. 2 de la Loi du 16 août 1790.

— 9. ch. 5 du titre 3 de la Const. du 3 sept. 1791.

— 96. § 3 de la Constitution du 24 juin 1793.

— 108 de la Constitution du 5 fructidor an 3.

— 17 de la Constitution du Sénat du 6 avril 1814.

— 64 de la Charte constitutionnelle du 4 juin 1814.

— 53 de l'Acte additionnel du 22 avril 1815.

L'institution du Jury sera remplacée par une institution de juges temporaires et adjoints, qui sera déterminée et fixée par une loi. Jusqu'à cette époque elle est maintenue, telle qu'elle se trouve en ce moment réglée par le Code de procédure criminelle (1).

24. Nul ne peut être dépouillé de sa propriété, si ce n'est pour cause d'utilité publique reconnue et légalement constatée, et sans une juste et préalable indemnité (2).

25. Tout homme a la liberté indéfinie de faire

---

(1) Art. 15. tit. 2 de la Loi du 16 août 1790.

— 9. ch. 5 du tit. 3 de la Constitution du 3 sept. 1791.

—381 et suiv. du Code de procéd. crim. 17 nov. 1808.

— 17 de la Constitution du Sénat, du 6 avril 1814.

— 65 de la Charte constitutionnelle du 4 juin 1814.

— 52 de l'Acte additionnel du 22 avril 1815.

(2) Art. 2 et 17 du Décret du 26 août 1789.

— 2 et 17 de la Déclaration du 3 septembre 1791.

Tit. 1, § 3. Constitution dudit jour.

Art. 2, 8, 9 de la Déclar. des Dr. de l'h°. 29 mai 1793.

— 1er. de la Déclaration des 29 mai et 8 juin 1793.

—122 de la Constitution du 24 juin 1793.

—358 de la Constitution du 5 fructidor an 3.

— 9 et 10 de la Charte constitution. du 4 juin 1814.

— 63 de l'Acte additionnel du 23 avril 1815.

imprimer et de publier ses opinions et sa pensée, sauf la répression et les peines de droit (1).

26. Toutes les religions sont également respectées et protégées (2).

L'exercice de tous les cultes est libre et public. Cependant il ne peut avoir lieu à l'extérieur des monumens qui lui sont spécialement consacrés, que dans les villes et habitations où tous les cit. professent ostensiblement la même religion (3).

---

(1) Art. 11 du Décret du 26 août 1789.

— 10 et 12 de la Déclaration du 3 septembre 1791.

Tit. 1.§3. art. 17 et 18, ch. 5, tit. 3 de la Const. 3 sept. 1791.

Art. 6, 7 et 20 de la Décl. des droits de l'h^c. 29 mai 1793-

—122 de la Constitution du 24 juin 1793.

—350 de la Constitution du 5 fructidor an 3.

— 23 de la Constitution du Sénat du 6 avril 1814.

— 8 de la Charte constitutionnelle du 4 juin 1814.

— 64 de l'Acte additionnel du 22 avril 1815.

(2) Art. 10 du Décret du 26 août 1789.

— 10 de la Déclaration du 3 septembre 1791.

— 354 de la Constitution du 5 fructidor an 3.

— 22 de la Constit. prop. par le Sénat, 6 avril 1814.

— 7 de la Charte constitutionnelle du 4 juin 1814.

— 62 de l'Acte additionnel du 22 avril 1815.

(3) Art. 10 du Décret du 26 août 1789.

— 1er. Déclaration du 3 sept. 1791.

— 7 de la Déclaration du 24 juin 1793.

— 122 de la Constitution dudit jour 1793.

—45, 46. Concordat du 26 messidor an 9.

27. Toutes les contributions se répartissent sur toutes les propriétés et sur tous les citoyens dans la juste proportion de leurs fortunes, sans aucune distinction ni prérogative (1).

28. Il ne peut exister aucune classe privilégiée, sous quelques prétextes et sous quelques dénominations que ce soit (2).

---

(1) Art. 13 et 14 du Décret du 26 août 1789.

— 6 et 13. Déclaration du 3 sept. 1791.

Tit. 1er. § 2. Constitution dudit jour.

Art. 101 de la Constit. du 24 juin 1793.

— 16. Déclaration; et 306. Constit. du 5 fruct. an 3.

— 15. Constitution du Sénat du 6 avril 1814.

— 2 de la Charte constitutionnelle du 4 juin 1814.

— 59 de l'Acte additionnel du 22 avril 1815.

(2) Art. 1er. et 6 du Décret des 26 août 1789; *analogie.*

Lettre de Louis XVI, 23 avril 1791.

Art. 6. Déclaration du 3 sept. 1791.

Tit. 1er. § 1er. Constitution du 3 sept. 1791.

Art. 2, 3, 4. Déclaration des 29 mai et 8 juin 1793.

— 3, 4 et 5 de la Constitution du 24 juin 1793.

— 3 de la Déclarat. des Droits de l'h^e., 5 fruct. an 3.

— 351. Constitution dudit jour.

— 27 de la Constit. du Sénat, 6 avril 1814.

— 1 et 3 de la Charte constitut. du 4 juin 1814.

— 59. Acte additionnel du 22 avril 1815.

TITRE III.

DISPOSITION GÉNÉRALE.

29. Le peuple Français s'interdit à jamais de pouvoir apporter, en aucun temps, sous quelque prétexte, pour quelque cause et sous quelque forme que ce soit, aucun changement aux dispositions de la présente Constitution.

Proposées à son acceptation et acceptées par lui dans les Assemblées électorales de département et d'arrondissement réunies et procédant d'après les formes qui y sont indiquées, elles seront toutes indestructibles, sacrées et inviolables, pour le Monarque, pour les deux corps représentatifs et pour lui-même (1).

Le résultat du dépouillement des votes, pareillement émis d'après la forme y exprimée, sera proclamé solennellement dans une assemblée générale tenue à cet effet, dans la capitale, le premier du mois qui suivra leurs réunions particulières.

------

(1) Lettre de Louis XVI, 23 avril 1791.
Art. 34 du Décret du 13 juin 1791.